RÈGLEMENT INTÉRIEUR

DE LA

I0123036

PRÉFECTURE DE L'ORNE

——— ✳ ———

ALENÇON

IMPRIMERIE ALENÇONNAISE

11, rue des Marcheries

1921

RÈGLEMENT INTÉRIEUR

de la Préfecture de l'Orne

Le Préfet du département de l'Orne, Chevalier de la Légion d'honneur ;

Vu la loi du 1ᵉʳ avril 1920, relative à la réorganisation des bureaux des Préfectures et Sous-Préfectures et à l'attribution d'un statut au personnel de ces services ;

Vu l'arrêté préfectoral du 6 mai 1920, fixant les cadres effectifs des bureaux de la Préfecture et des Sous-Préfectures ;

Vu le décret du 17 juillet 1920, portant règlement d'administration publique pour l'application de la loi du 1ᵉʳ avril 1920 ;

Vu la délibération du Conseil général de l'Orne, du 4 mai 1921 fixant les nouvelles échelles de traitement du personnel :

Sur la proposition de M. le Secrétaire général :

ARRÊTE

RÈGLEMENT INTÉRIEUR DE LA PRÉFECTURE DE L'ORNE

ARTICLE PREMIER.

L'ensemble des employés de la Préfecture et des Sous-Préfectures de l'Orne ne constitue qu'un seul et même groupement soumis aux dispositions du présent règlement.

Le personnel de la Préfecture et des Sous-Préfectures est composé de la façon suivante :

PREFECTURE

CABINET DU PRÉFET

1 chef de cabinet,
1 rédacteur-dactylographe.

1re DIVISION

1 chef de division,
2 chefs de bureau,
1 rédacteur principal,
3 rédacteurs,
2 expéditionnaires ou dactylographes.

2e DIVISION

1 chef de division,
2 chefs de bureau,
1 rédacteur principal,
3 rédacteurs,
2 expéditionnaires ou dactylographes.

3e DIVISION

1 chef de division,
2 chefs de bureau,
1 rédacteur principal,
5 rédacteurs,
4 expéditionnaires ou dactylographes.

CONSEIL DE PRÉFECTURE

1 rédacteur-secrétaire greffier pouvant arriver au grade de chef de bureau.

ARCHIVES

1 employé.

ASSISTANCE PUBLIQUE

1 rédacteur,
1 expéditionnaire.

2 huissiers,
1 concierge.

SOUS-PREFECTURES

ARGENTAN

1 secrétaire en chef,
1 rédacteur,
1 expéditionnaire,

DOMFRONT

1 secrétaire en chef,
1 rédacteur,
1 dactylographe.

MORTAGNE

1 secrétaire en chef,
1 rédacteur,
1 expéditionnaire.

ART. 2.

Attributions des Divisions de la Préfecture

✧

1ʳᵉ DIVISION
Administration générale et Affaires militaires

1ᵉʳ BUREAU. — *Administration générale* : Intérieur ; — Elections ; — Police ; — Etrangers ; — Travail ; — Postes et Télégraphes ; — Beaux-Arts ; — Transports de corps ; — Syndicats et Associations.

Services rattachés à ce bureau : Direction des Services agricoles ; — Office départemental de placement.

2ᵉ BUREAU. — *Affaires militaires* : Recrutement ; — Ravitaillement de l'aimée ; — Sapeurs-Pompiers ; — Pigeons voyageurs ; — Instruction publique (enseignement primaire, secondaire, supérieur).

2ᵉ DIVISION
Assistance. Prévoyance sociale. Hygiène

1ᵉʳ BUREAU. — Assistance médicale gratuite ; — Mutualité ; — Personnel médical ; — Assistance aux vieillards, aux familles nombreuses, aux tuberculeux ; — Répression des fraudes.

2ᵉ BUREAU. — Aliénés ; — Vaccine ; — Etablissements insalubres ; — Dons et legs; — Statistique générale ; — Assistance aux femmes en couches ; — Désinfection ; — Soins médicaux aux mutilés et réformés.

3ᶜ *DIVISION*

Comptabilité. Affaires départementales et communales. Travaux publics

1ᵉʳ BUREAU. — Comptabilité générale et départementale ; — Domaine de l'Etat et du département ; — Contributions ; — Conseil général ; — Commission départementale ; — Allocations aux petits retraités de l'Etat.

2ᵉ BUREAU. — Administration communale.; — Budgets communaux ; — Emprunts.

3ᵉ BUREAU. — Chemins de fer ; — Tramways ; — Automobiles ; — Energie électrique ; — Mines ; — Carrières ; — Voirie vicinale, urbaine et rurale, en tant que relevant des bureaux proprement dits de la Préfecture.

ART. 3.

TRAITEMENTS

Echelle des Traitements votée par le Conseil général le 4 mai 1921

Chefs de division :

1ʳᵉ classe..........................	13.500	fr.
2ᵉ ---	12.500	»
3ᵉ —	11.500	»
4ᵉ —	10.500	»

Chefs de bureau :

Classe exceptionnelle	10.600	fr.
1re classe	10.000	»
2e —	9.400	»
3e —	8.800	»
4e —	8.200	»
5e —	7.600	»

Rédacteurs principaux :

1re classe	7.500	fr.
2e —	7.000	»
3e —	6.500	»

Rédacteurs :

1re classe	7.000	fr.
2e —	6.500	»
3e —	6.000	»
4e —	5.500	»
5e —	5.000	»
Stagiaire	4.500	»

Expéditionnaires ou dactylographes :

1re classe	6.500	»
2e —	6.000	»
3e —	5.500	»
4e —	5.000	»
5e —	4.500	»
6e —	4.000	»

Huissiers et concierges :

1re classe.................................	6.000	»
2e —	5.600	»
3e —	5.300	»
4e —	5.000	»
5e —	4.700	»
6e —	4.400	»
7e —	4.100	»
8e —	3.800	»

ART. 4.

Lorsque, soit à la suite d'un concours, soit par le jeu de l'avancement, un employé acquerra un traitement inférieur à celui qu'il avait dans son grade précédent, il conservera le traitement attaché à son ancien grade, jusqu'à ce que l'avancement le fasse bénéficier d'un traitement supérieur.

ART. 5.

RECRUTEMENT

Le personnel de la Préfecture et des Sous-Préfectures est recruté exclusivement par voie de concours et selon les dispositions du décret d'administration publique du 17 juillet 1920.

Art. 6.

Rédacteurs

Peuvent seuls se faire inscrire au concours pour l'emploi de rédacteur, les Français des deux sexes, jouissant de leurs droits et âgés de 18 ans au moins et de 30 ans au plus à la date du concours.

La limite d'âge ci-dessus est reculée d'un temps égal à la durée des services antérieurs civils ou militaires ouvrant des droits à une pension de retraite.

Aucune autre dispense d'âge ne sera accordée.

L'arrêté du Préfet fixant la date du concours indique le nombre de places à pourvoir. Il est publié 40 jours à l'avance. Les candidats se font inscrire au Secrétariat général dans les 20 jours qui suivent la date de l'arrêté. La liste des inscriptions est close à l'expiration de ce délai ; 10 jours avant l'ouverture des épreuves, le Préfet arrête la liste des candidats admis à concourir.

Les candidats devront produire un dossier contenant :

Une demande sur papier libre ;
Un bulletin de naissance ;
Un extrait du casier judiciaire ;
Une copie certifiée conforme des diplômes universitaires qu'ils pourraient posséder ;
Un certificat de position militaire.
Toutes pièces, entre autres militaires qu'ils juge-

raient utiles de fournir. Ces pièces seront restituées sitôt l'examen terminé.

Le jury du concours est composé de la façon suivante :

Le Secrétaire général, président ;

Un Conseiller de Préfecture ;

L'Inspecteur d'Académie ou son délégué ;

Un chef de division.

Si le concours est ouvert pour un emploi des archives, le chef de division est remplacé par l'archiviste départemental.

Le concours comprend deux parties : un examen écrit et un examen oral.

1° *Examen écrit* :

1° Une dictée tenant lieu d'écriture.

2° Une composition portant sur l'organisation politique, administrative, judiciaire, économique et militaire de la France (2 heures).

3° Une composition d'arithmétique (opérations, problèmes et établissement d'un tableau (2 heures).

2° *Examen oral* :

1° Interrogations sur l'organisation administrative de la France.

2° Interrogations sur la géographie de la France.

Il est attribué à chacune des épreuves, écrites et orales, une note établie de 0 à 20 : 2 notes seront données pour la dictée.

1° Orthographe ;

2° Ecriture.

Un 0 est éliminatoire.

Art. 7.

Il est attribué à l'examen écrit une majoration de 5 % aux candidats employés à la Préfecture ou dans une Sous-Préfecture depuis 2 ans au moins ; 6 % aux anciens militaires dont le droit à pension aura été reconnu par application de la loi du 31 mars 1919 ; 10 % à ceux de ces derniers qui auront en outre été déclarés par une Commission de Réforme, inaptes au service militaire.

Une épreuve facultative de dactylographie ou de sténographie vaudra une majoration de 5 points.

Nul ne sera déclaré admissible s'il n'a obtenu 40 points à l'écrit.

Les candidats reçus sont nommés au grade de rédacteur stagiaire dans l'ordre du classement établi par le concours.

Art. 8.

Dactylographes

Les dactylographes sont recrutés selon les mêmes conditions que les rédacteurs, sous réserves des modifications suivantes :

Le concours ne comprend qu'une partie :

1° Une dictée.

2° Une composition portant sur l'organisation administrative de la France (1 heure).

3° Une composition d'arithmétique (opérations et problème (1 heure).

4° Une épreuve orale de géographie : la France.

5° Une épreuve de dactylographie.

Il est attribué à chacune de ces épreuves une note établie de 0 à 20. Un 0 est éliminatoire.

L'épreuve de dactylographie aura le coefficient 3.

En plus des majorations spécifiées à l'article 7, une épreuve facultative de sténographie donnera droit à une majoration de 20 points.

Les candidats reçus sont nommés dactylographes stagiaires dans l'ordre du classement établi par le concours.

ART. 9.

Expéditionnaires, Huissiers, Concierges

Les expéditionnaires, huissiers et concierges (emplois réservés) sont recrutés parmi les candidats désignés dans les conditions fixées par les articles 69 et suivants de la loi du 21 mars 1905 et par les articles 1er, 2 et 3 de la loi du 17 avril 1916.

ART. 10.

Les rédacteurs, les expéditionnaires, les dactylographes nommés dans les conditions fixées ci-dessus, ne sont titularisés dans leur emploi qu'après un stage d'un an. L'employé qui, à l'expiration de ce délai, n'a pas été titularisé, est rayé des cadres du personnel, et s'il en faisait partie antérieurement au concours, reprend la place qu'il y occupait.

La durée du stage compte pour l'avancement.

Les stagiaires ne versent pas à la Caisse des Retraites. Toutefois ils auront la faculté, s'ils le désirent, d'effectuer le versement des retenues de l'année de stage, lors de leur titularisation.

ART. 11.

Heures de Travail

Les bureaux sont ouverts de 8 heures ½ à midi et de 2 heures à 6 heures ½.

Au surplus, l'ensemble du personnel sera tenu à fournir des heures et un effort supplémentaires toutes les fois que l'exécution d'un travail extraordinaire le nécessitera.

Pendant les heures de travail, il est interdit de s'absenter pour des raisons autres que celles du service, sans l'autorisation de son chef de division.

Il est en outre interdit aux employés d'effectuer, pendant les heures de présence, des travaux reçus du dehors, et d'occuper des emplois qui, par leur nature, seraient incompatibles aussi bien avec la durée du temps qu'ils doivent à l'exercice de leur fonction, qu'à la dignité et à la tenue morale dont ils ne sauraient, sous aucun prétexte, se départir.

Art. 12.

Avancement

L'avancement dans chaque grade ou emploi a lieu d'une classe à la classe immédiatement supérieure.

Nul ne peut être promu à une classe supérieure s'il n'a au moins deux ans de service dans la classe qu'il occupe, et s'il n'est porté à un tableau d'avancement dressé dans le mois de décembre de chaque année par une commission composée ainsi qu'il suit :

Le Préfet, président ;
Le Secrétaire général ;
Un Sous-Préfet ;
Les chefs de division.

Les chefs de division ne participent pas à l'établissement du tableau d'avancement qui concerne leur grade.

Les inscriptions au tableau ont lieu à raison de deux tours à l'ancienneté et un tour au choix

Le nombre des inscriptions doit correspondre au nombre d'avancements de classe qui peuvent être prévus pour l'année en cours.

Si, dans le courant de l'année, le tableau est épuisé, il est dressé dans les mêmes formes un tableau complémentaire.

Art. 13.

La promotion au grade de chef de bureau et de chef de division a lieu au choix.

Nul ne peut être nommé à l'un de ces emplois s'il n'est porté sur un tableau d'aptitude dressé par la Commission prévue à l'article précédent.

Les chefs de division ne participent pas à l'établissement du tableau d'aptitude qui concerne leur grade.

Les chefs de bureau sont choisis parmi les rédacteurs principaux ou les rédacteurs de 1re, 2e ou 3e classe de la Préfecture ou des Sous-Préfectures du département.

Les chefs de division sont choisis parmi les chefs de bureau de 1re, de 2e et de 3e classe.

Les inscriptions au tableau d'aptitude ont lieu suivant l'ordre d'ancienneté de services dans l'emploi ou les emplois occupés.

Le tableau d'aptitude ne doit comprendre qu'un nombre d'inscriptions correspondant aux promotions prévues pour l'année.

Les nominations ont lieu dans l'ordre des inscriptions au tableau.

Toutefois, dans le cas où la commission prévue à l'article précédent aurait estimé qu'aucun employé ne peut être inscrit au tableau d'aptitude, le Préfet pourra nommer à un emploi vacant un employé d'un autre département pourvu du même grade ou déjà porté au tableau d'aptitude pour le grade.

ART. 14.

Les employés d'une Préfecture ou d'une Sous-Préfecture peuvent être nommés dans un autre département, soit par permutation, soit directement, pour y occuper un emploi comportant un traitement égal ou inférieur.

Ils peuvent être nommés dans un autre département à la classe immédiatement supérieure s'ils figurent au tableau d'avancement de leur département d'origine, et s'ils priment, par leur ancienneté de services dans la classe, le premier employé à nommer dans le département où ils sont appelés.

ART. 15.

Discipline

Les peines disciplinaires sont :

L'avertissement ;
Le blâme avec inscription au dossier ;
Le retard dans l'avancement à l'ancienneté ou la radiation du tableau d'avancement ;
La rétrogradation de grade ou de classe ;
La suspension sans que sa durée puisse excéder six mois ;
La révocation.

L'avertissement et le blâme avec inscription au dossier sont prononcés par le Préfet ou le Sous-Préfet.

Les autres peines sont prononcées par le Préfet, après avis d'un Conseil de discipline composé du Secrétaire général, président ; d'un Sous-Préfet ; du chef de division le plus ancien en grade et d'un employé du même grade que l'employé déféré ou d'un grade assimilé.

Cet employé, ainsi que son suppléant, est élu par ses collègues, tous les deux ans, le dernier jeudi de janvier, au premier tour, à la majorité relative ; en cas d'égalité des suffrages, le candidat le plus âgé est élu. Il est rééligible.

Chaque catégorie d'employé élit un délégué et un délégué suppléant.

Les employés déposent, sous enveloppe, leur bulletin de vote, au Secrétaire général, et signent sur une liste d'émargement. Chaque bulletin contiendra deux noms : le premier sera le délégué, le second son suppléant.

Les employés des Sous-Préfectures remettront leur vote sous enveloppe signée au Sous-Préfet, qui les transmettra à la Préfecture par pli recommandé, qui ne sera ouvert que lors du dépouillement.

Le dépouillement aura lieu le samedi qui suivra le vote, devant une commission composée du Secrétaire général, président, du chef de division, du chef de bureau et du rédacteur le plus ancien en grade.

Ne peut siéger dans le Conseil de discipline, le chef de service ou l'employé sur le rapport duquel les poursuites disciplinaires ont été décidées.

L'employé traduit devant un Conseil de discipline peut récuser un de ses membres.

L'archiviste départemental et les chefs de service désignés à l'article 2 de la loi du 1er avril 1920 sont assimilés, pour la constitution du Conseil de discipline, aux chefs de division de la Préfecture.

En cas d'empêchement du Secrétaire général, la présidence est exercée par le Sous-Préfet.

ART. 16.

L'employé déféré au Conseil de discipline par le Préfet est mis en demeure, par lettre recommandée, de prendre connaissance à la Préfecture de son dossier et de toutes les pièces relatives à l'affaire.

Communication lui est donnée en même temps des noms des membres appelés à siéger au Conseil de discipline et du suppléant du représentant du personnel.

Il lui est accordé un délai de dix jours francs à dater de la mise en demeure ci-dessus, pour présenter sa défense, pour désigner, s'il y a lieu, son défenseur, ainsi que les personnes qu'il désire faire entendre et pour exercer son droit de récusation.

ART. 17.

Le Conseil de discipline se réunit dans le mois qui suit l'expiration des délais prévus à l'article précédent ; il entend sur sa demande l'employé

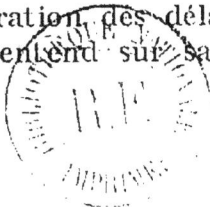

déféré, le défenseur s'il y a lieu, ainsi que les personnes citées par les parties et celles qu'il croit
devoir convoquer spontanément. Il statue hors de
la présence de l'employé.

ART. 18.

La délibération du Conseil de discipline n'est
valable que si elle est prise par cinq membres au
moins.

L'employé déféré bénéficie, s'il y a lieu, du
partage des voix. L'avis du Conseil de discipline
est motivé. Il est reproduit dans la décision du
Préfet. Cette décision est notifiée à l'intéressé par
lettre recommandée. Si la peine prononcée est
celle de la suspension, il est tenu compte, pour sa
durée, de la durée de la suspension provisoire
prévue à l'article 19.

ART. 19.

En cas de faute grave ou en cas d'urgence, le
Préfet peut exceptionnellement prononcer la suspension d'un employé avant la comparution de
celui-ci devant le Conseil de discipline. Si la peine
prononcée ultérieurement n'est ni la révocation,
ni la suspension, l'employé aura droit à son traitement pendant la durée de la suspension. En cas
de suspension préalable, le Conseil de discipline
doit statuer dans le délai d'un mois.

ART. 20.

Congés

Le personnel de tout grade a droit à 21 jours de congé rétribué par an.

Il le prendra à son choix en une ou plusieurs fois, mais en tenant compte, bien entendu, des nécessités du service.

Le Préfet reste libre d'accorder, pour des cas exceptionnels, des congés supplémentaires qui ne pourront excéder 8 jours.

En cas de maladie constatée par un médecin assermenté, il sera accordé un congé d'une durée maxima de 3 mois avec traitement plein, et en cas de prolongation de 3 autres mois à demi-traitement.

Au bout de ces 6 mois, si l'employé n'est pas en état de reprendre son service, il sera mis d'office en disponibilité.

ART. 21.

Mise en disponibilité

Tout employé peut, sur sa demande, se faire mettre en disponibilité, sans traitement et sans avancement, pour une durée n'excédant pas un an. Si, au bout de cette année, il n'a pas demandé et obtenu sa réintégration, il sera rayé des cadres.

Le temps passé en disponibilité ne compte pas pour la retraite.

Art. 22.

Admission à la Retraite

Tous les employés de la Préfecture et des Sous-Préfectures bénéficient du régime des retraites institué par le Conseil général le 18 août 1920, qui fixe à 30 ans la durée des services ouvrant droit à la retraite, à 55 ans d'âge.

Art. 23.

Toutefois, le Préfet aura la faculté de conserver les employés après cet âge, sans que la limite d'âge au delà de laquelle ils pourront être maintenus en fonctions ne puisse dépasser 65 ans.

A titre exceptionnel, les employés qui, à la date du présent arrêté, ont 65 ans sans avoir 30 années de services, ne seront pas atteints par cet article, et seront maintenus dans leurs fonctions jusqu'au 1er octobre 1924.

Art. 24.

Les chefs de division, et les chefs de bureau figurant au tableau d'aptitude pour le grade de chef de division, comptant 30 ans de services, pourront être nommés chefs de division honoraires.

Art. 25.

Ce règlement annule tout règlement antérieur et entrera en vigueur le 1er octobre 1921.

Le Secrétaire général de la Préfecture est chargé de l'exécution du présent arrêté qui a été approuvé par le Conseil général le 30 septembre 1921, et dont un extrait sera remis à chacun des intéressés

Alençon, le 30 septembre 1921.

Le Secrétaire général,   *Le Préfet de l'Orne,*

Jean GAUTIER.   LAMBRY.

TABLE DES MATIÈRES

Alençon. — Impr. Alençonnaise, 11, rue des Marcheries

www.ingramcontent.com/pod-product-compliance
Lightning Source LLC
Chambersburg PA
CBHW070749280326
41934CB00011B/2857